CATALOGUE

D'UNE RÉUNION D'ARTICLES
DE BELLE CURIOSITÉ,
ET DE DIFFÉRENS GENRES,

Consistant : 1.º en plusieurs Figures, Bustes et Vases de marbre et de bronze, la plupart antiques; 2.º en une Collection de Médailles dites Petits Bronzes, partie en argent, et Empreintes en soufre; 3.º en Pièces étrusques, Peintures en émail et en miniature; 4.º en une Suite de Vases en porphire, albâtre et autres; Camées en jaspe, nombre de Coupes d'agate orientale et autres, richement montées, lapis lazuli, jade, jaspe de toute qualité; Pièces de cristal de roche, partie montées en or; Laques précieux du Japon et de la Chine; Porcelaines anciennes, des plus rares qualités, &c. &c. &c.

Dont la Vente s'en fera, au plus offrant et dernier Enchérisseur, le 28 Avril 1806, et jours suivans, de relevée. Maison des Divisions supplémentaires du Mont de Piété, rue Vivienne, N.º 18.

L'Exposition publique aura lieu la Veille et le Matin du jour de la Vente, depuis 11 heures jusqu'à 3 heures très précises.

Se distribue en ladite Maison,
Chez A. PAILLET et H. DELAROCHE,
rue Vivienne, N.º 18.

EXPOSÉ PRÉLIMINAIRE.

CETTE Collection nombreuse en Articles de grande curiosité pour la richesse et l'ornement des Cabinets, offrira aux Amateurs une variété de genre, de qualité et de forme, digne d'un véritable intérêt. Le tout a été recueilli dans l'espace de trente années, et augmenté par les occasions des Ventes de Gagny, Boisset, Mazarin et autres Cabinets renommés. Il sera fait une Exposition publique de la totalité des Objets décrits au présent Catalogue, pendant les Matinées des deux Jours qui précéderont celui de la Vente, depuis 11 heures du Matin jusqu'à 3 précises après Midi, à l'effet de mettre les Enchérisseurs à portée de juger par eux-mêmes de l'état des Pièces, et par ce moyen éviter toute réclamation et responsabilité de notre part, pour telle cause ou dénomination que ce puisse être, ayant d'ailleurs mis autant de soin que possible à annoncer les légères Fractures qui nous étaient connues.

Les Conditions de la Vente, sont de payer comptant *et en* francs ; et *à la charge par l'Acquéreur*, de payer trois et demi pour cent *de Droit de Vente*.

CATALOGUE

D'OBJETS RARES ET PRÉCIEUX

DE TOUT GENRE,

Consistant en *Figures, Bustes, Vases et Médaillons de bronze, partie antique; Vases et Coupes de porphire et autres matières rares; Coupes d'agate, de jaspe et de lapis; Porcelaines ancienne, &c.*

BRONZES.

N.º 1. = Petite Figure équestre de Marc-Aurèle, précieuse fonte d'Italie, placée sur un fort Pied de marbre bleu turquin, dont une des faces est décorée d'un Bas-relief en bronze, représentant un Triomphateur. Ce bas-relief est antique.

2. = Ciceron représenté debout, récitant

une harangue. Morceau antique, placé sur un Socle de bois.

3. — Une petite Figure de Femme, décrite dans le Muséum napolitain, comme faisant partie de la Collection des Antiquités. Elle est placée sur un Socle, forme de piédestal circulaire, en marbre griotte, et Moulures de jaune antique.

4. = Une autre Figure, même proportion et monture, également décrite dans le Muséum de Naples.

5. = Lion antique. Bronze d'une parfaite exécution, sur un Socle de marbre blanc.

6. = Une Tête de Vieillard blessé au front, qu'on croit être celle du Christ, chef-d'œuvre d'exécution pour la fonte. Morceau admiré des Connaisseurs, et attribué à *Jean Goujon*; elle est posée sur un Socle circulaire en marbre bleu turquin.

7. = Une Figure accroupie, en bronze d'une fonte soignée, composée d'après la Vénus, pour représenter l'Architecture, en lui

CURIOSITÉS. 3

faisant tenir un Plomb. Elle est placée sur un Piédestal circulaire de bleu turquin.

8. = Une Figure debout, représentant un des Bourreaux de Charles I.er, roi d'Angleterre, tenant d'une main la Tête qu'il présente au Peuple, de l'autre un Coutelas. Ce bronze est placé sur un Piédestal de bois de poirier, d'une exécution très-soignée.

9 = Un autre joli bronze, même proportion. Figure du Bacchus antique.

10. = Une Figure aussi en bronze, représentant le Sphinx antique, de couleur verdâtre, sur Socle de jaune antique.

11. = Deux Médaillons de bronze, Portraits de Henri IV et de Marie de Médicis, avec encadrement de Moulures en cuivre surdoré, ajustés dans des Cadres d'ébène, par *Dupré*, Graveur. Morceaux très-rares, provenant de la vente du Garde-Meuble.

12. = Un autre Médaillon, Portrait de Sully, dans sa Bordure de fonte dorée.

13. = Deux jolis Vases chinois, à Gaudrons

et Ornemens de relief. Ces Morceaux, dits *en cuivre blanc*, sont regardés comme curieux par leur matière et leur exécution.

14. = Deux autres Vases, même genre, en fonte du Japon, dans des formes carrées.

15. = Deux sujets d'Oiseaux en Bas-reliefs, dans leurs Cadres noirs à fil de perles.

16. = Collection de Médailles antiques, dites petits Bronzes, toutes précieuses et rares, venant du Cabinet de M. *Pelerin*, et du choix de M. *d'Emery*, le tout contenu dans trois Tiroirs.

1.er Tiroir, 110 Médailles.
2.e 166, dont 15 en argent.
3.e 142, 25 en argent.

VASES ÉTRUSQUES.

17. = Une Ecuelle à Anses et de belle forme, sans Figures.

18. = Un Vase de forme singulière, à doubles Panses qui se communiquent.

19. = Un autre Vase très-extraordinaire,

CURIOSITÉS. 5

en ce qu'il s'emplit par-dessous, ayant deux petites Anses. Ces deux Pièces sont décrites dans l'Ouvrage de *Dangerville*.

20. = Deux petits Vases vernissés, noirs, dits *Lacrymatoires*. L'un est à Gaudrons. *avec le N°. 17* 30

21. = Un autre petit Vase à Anses, en forme d'Ecuelle, avec sa Soucoupe. 90 - *payé*

22. = Un autre petit Pot et un Lacrymatoire.

23. Six Lampes antiques, dont quelques-unes avec Bas-reliefs très-bien conservés. 14 -

---

PEINTURES EN ÉMAIL ET EN MINIATURE.

24. = Deux petits Tableaux peints en émail, signés *Harter*. L'un représente Tarquin prêt à poignarder Lucrèce; l'autre un sujet d'Armide, d'après le beau Tableau de *Fr. Lemoine*. 131 -

25. = Un autre précieux Morceau en émail, par le même Artiste, représentant un sujet de Télémaque, d'après le Tableau de *Coypel*, qui

6 CURIOSITÉS.

se voyait dans la Galerie du Palais-Royal. Bordure noire et Cercle de métal.

26. = Deux Tableaux de forme en ovale, et précieusement exécutés en émail, représentant de riches Bouquets de Fleurs, d'après *Van Huysum*. Ils sont encadrés dans le même genre du précédent.

27. = Une jolie Copie en émail, du petit Samuel de *Raynolds*, montée en Médaillon, sur une Boîte d'écaille noire à Gorge d'or. Cette Peinture soignée est entourée d'un Cercle d'or avec cristal dit *à réverbère*.

28. = Le Portrait en miniature de Charlotte Corday, monté sur une grande Boîte d'écaille noire, et entouré d'un Cercle.

29. = Plateau en émail de Limoges, d'une belle conservation, richement décoré de Portraits et Figures allégoriques, connu sous le nom d'*Ecritoire de Louvois*.

VASES DE PORPHIRE, D'ALBATRE ET AUTRES MATIÈRES RARES.

30. = Deux Vases de porphire rouge, forme

CURIOSITÉS. 7

de Médicis, parfaitement exécutés, de belle matière d'Egypte, montés sur des Socles carrés de marbre serpentin, avec ornemens de Têtes de Diane et de Bacchus en fonte dorée au mat. Article recommandable.

31. = Deux autres Vases de porphire superbe qualité, forme d'œuf, avec chacun leurs Couvercle et Piédouche. Ils sont garnis d'Anses et Guirlandes de pampres de vignes, et placés sur de beaux Socles forme de Piédestaux, représentant pour Ornemens, les Dépouilles de Beliers des Autels antiques. Article non moins précieux que le précédent.

32 = Deux moyens Vases de porphire, aussi forme d'œuf, montés sur des Dés carrés de même matière.

33. = Une Table de porphire, de forte épaisseur et de moyenne proportion, convenable à faire la richesse d'un beau Meuble.

34. = Deux Coupes de basalte d'Egypte ou pierre de touche, d'un beau volume et du travail le plus pur dans toute leur exécution.

35. = Un Vase de même matière, dans une

forme égyptienne et du plus beau poli, faisant à volonté le milieu de l'Article précédent. Il est garni de légères Anses à feuillages de Vignes et Fruits, Guirlandes au pourtour du collet, même genre, Pomme de pin sur le Couvercle, et Pied à quatre consoles de Mufles et Griffes de Lion, le tout er fonte de bon goût, dorée au mat, ajusté sur un petit Socle à huit pans, en marbre jaune antique, et large Plinthe de porphire d'une forte épaisseur.

36. = Un *Abraxas* en basalte d'Auvergne, représentant une Figure de bas-relief, couchée entre deux Colonnes, sur Socle de jaune antique. Morceau très-curieux qui a été trouvé à Reims, dans des fouilles.

37. = Six Assiettes en matière de lave, venant de Naples.

38. = Deux petits Vases forme d'urne, en marbre rouge antique, à Anses évidées prises dans la masse, et avec Couvercles. Ils sont placés sur des Fûts de Colonne en basalte d'Egypte, à Tors et Plinthes en marbre blanc.

CURIOSITÉS.

39. = Deux moyens Vases d'albâtre oriental, belle qualité, forme d'œuf, avec Anses évidées dans la même pièce. Ils sont montés sur de beaux Socles carrés en marbre serpentin, avec Encadrement et Plinthe dorés.

40. = Une belle Coupe d'albâtre, provenant d'une stalactite. Elle est ajustée sur un Socle carré de même matière, Dés de portor, et le Piédestal décoré d'un Masque de marbre rouge antique. Beau Morceau de milieu.

41. = Deux Coupes d'albâtre encore de belle qualité, portées sur des Socles de porphire.

42. = Une Boîte ovale en bois pétrifié, veiné de ton rose et blanc, avec son dessus.

43. = Une Boîte de porphire, dite *Boîte à cachou*. Précieux travail.

44. = Une autre Boîte de même matière, pour tabac d'Espagne.

45. = Une Boîte en navette, prisme d'émeraude. Précieux échantillon.

CURIOSITÉS.

46. = Une autre Boîte d'un beau travail, en jaspe vert et de forme ovale.

47. = Boîte circulaire, matière blanche bien évidée.

48. = Boîte carré long, à huit pans, prisme d'opale, doublée en lumachelle chatoyante. Morceau d'échantillon, objet curieux.

49. = Une Boîte ovale, prisme d'améthyste avec son Couvercle, renfermée comme la précédente dans un Etui.

50. = Deux Coupes d'albâtre de Lagny, de beau travail et profil.

CAMÉES, COUPES ET VASES PRÉCIEUX

En agate, jaspe, jade, lapis et autres matières rares.

51. = Quatorze Camées représentant des Bustes de Généraux et Philosophes de l'antiquité, sur jaspe sanguin de belle qualité et d'un travail soigné. Cet article est de grande curiosité dans son genre.

CURIOSITÉS.

52. = Une Coupe ronde, d'agate orientale de grand volume, précieusement travaillée à neuf côtes saillantes, et son Couvercle. Cette pièce d'une rare beauté, est garnie d'une monture de fonte ciselée et dorée, à trois Anses de Serpens enlacés, avec Gorge à jour, Dessins de feuillages et Pied à trois Consoles à Têtes de Dauphins, le tout sur Socle d'albâtre. *Voyez le Catalogue Mazarin, N.°*

53. = Une autre précieuse Coupe de jaspe vert, aussi de grand volume, d'un travail uni et parfait, montée par *Goutière* sur un Trépied du meilleur goût, à Têtes et Griffes d'Aigles. Morceau recommandable pour la curiosité, qui paraît avoir un fil sensible et non défectueux.

54. = Grande et magnifique Coupe de lapis lazuli, de forme en ovale, travaillée à larges côtes, avec Anse figurée par un Dragon ailé; son Couvercle assorti de qualité et de genre, est disposé pour recevoir une monture. Cette pièce, que l'on dit avoir servi au Temple d'Apollon, paraît avoir un fil. Elle est montée sur son Pied garni de deux Cercles de cuivre doré, avec Socle en albâtre.

12 CURIOSITÉS.

55. = Autre grande Coupe en jaspe de Sibérie, à Gaudrons sur tout son extérieur, et dans la forme d'un Ciboire contourné, avec son pied d'agate, assorti et monté avec différens Cercles de vermeil émaillé. Morceau du plus ancien travail et de belle curiosité, qui a été fracturé et parfaitement restauré. Il provient de la vente du Garde-Meuble.

56. = Précieuse Coupe d'agate orientale, de rare qualité de sardoine, montée en forme d'urne, avec Bords et Anses figurés par des Mufles de Lion et Anneaux, placée sur un Dé d'albâtre garni d'un Socle à fil de perles; l'une des faces est enrichie d'un Masque de jaune antique.

57. = Une autre Coupe d'agate blonde, aussi orientale et sans garniture, pouvant faire le pendant de l'article précédent, par sa forme, son volume et le pied qui la supporte. Il sera facile aux Amateurs, de réunir ces deux charmans Articles.

58. = Grande et belle Coupe ovale, forme de Navette, en jade vert de belle qualité, avec Anse prise dans la masse, figurant une Chi-

mère. Cette pièce est d'un travail pur et parfait, malgré la dureté de la matière. Elle est placée sur un Socle d'albâtre oriental.

59. = Une autre magnifique Coupe de jade vert oriental, dite *pierre néphrétique*, d'un riche volume et d'un admirable travail, dans une forme d'urne à bords sur-élevés, sans aucune garniture, et portée sur un Tronçon de Colonne bleu turquin et Socle d'albâtre.

60. = Coupe de très-grand volume, en jade vert foncé d'ancienne roche, provenant du Garde-Meuble. Sa forme est en ovale irrégulier, et sa monture, que l'on croit de vermeil, est composée d'une Anse de Dragon avec Draperies, Guirlandes, Mufles et Pieds de Lion. Il y parait un fil peu sensible, mais qui ne doit dépriser en rien un Morceau d'aussi belle curiosité.

61. = Jolie Coupe ovale, dite *héliotrope*, parfaitement évidée, montée sur Piédouche de même matière, avec son Couvercle et Socle de marbre serpentin.

62. = Grande Coupe d'agate chatoyante,

14 CURIOSITÉS.

montée en forme de Calice, avec Pied de même matière, et légère monture en argent.

63. = Autre grande Coupe d'agate d'Allemagne, de ton grisâtre mêlé de rouge. Elle est garnie d'Anses et Pieds de filigrane d'argent doré, et portée sur un beau Fût de Colonne en albâtre.

64. = Belle Coupe ronde en agate jaspée, couleur sardoine et d'un bel orient, montée sur Pied de cuivre doré, avec Socle d'albâtre. Il y paraît un fil qui ne se sent point au dehors.

65. = Une autre Coupe ou Jatte de plus grand volume, encore de belle qualité, avec des parties herbières et richement accidentée.

66. = Une très-belle Tasse d'agate orientale, montée sur un Socle carré en granit vert, avec Plinthe dorée, à fil de perles.

67. = Une autre Tasse encore d'un bel orient, couleur sardoine, légérement accidentée d'herborisations, un peu moins grande que la précédente et sur un pareil Pied.

CURIOSITÉS.

68. = Quatre Tasses et leurs Soucoupes en agate transparente de bonne qualité.

69. = Une belle Tasse de couleur sardoine, mêlée d'herborisations, montée sur un Trépied à ornemens de Têtes de Beliers en vermeil et Pied triangulaire en porcelaine.

70. = Une Tasse de jade oriental, à Gaudrons et Fleurs de relief au pourtour, avec Anses prises dans la masse, montée sur pareil Pied de l'Article précédent.

71. = Un petit Vase couvert, forme d'un Calice, en agate transparente et rubanée, enrichie de Cercles et Viroles en pierres fines de couleur. Il provient du Garde-Meuble, où il était désigné sous le nom du *Calice St-Louis*.

72 = Soucoupe d'agate rubanée onyx orientale, et un petit Vase de matière sardonyx, monté sur un léger Pied de fonte dorée, à quatre Pieds de Biche.

73. = Une autre Soucoupe et son petit Vase d'agate sardoine et de riche orient. Même Pied que l'article précédent.

74. = Moyenne Tasse de cornaline foncée, forme d'une Jatte, montée sur un riche Trépied de vermeil, avec ornement de Têtes, Pieds de Beliers, et Guirlandes.

75. = Coupe ovale, rétrécie par un de ses côtés, dans la forme d'une Lampe antique; riche matière d'agate sardonyx, placée sur un petit Socle circulaire de vert antique.

76. = Moins grande Coupe ovale de caillou agatisé. Belle matière, travaillée à la plus légère épaisseur, et portée sur un Pied de bois.

77. = Une Coupe ovale irrégulière, d'agate cristallisée, onyx dite *mousseuse et transparente*, portée sur un Socle circulaire en vert antique.

78. = Jolie Coupe d'agate blanche et transparente, accidentée de petites herborisations, et taillée à facettes à l'extérieur. Pied de même matière, de forme circulaire.

79. = Tasse d'agate orientale sardonyx, faite en œuf, montée sur Trépied de vermeil, à Têtes et Pieds de Belier.

CURIOSITÉS.

80. = Petite Tasse de jade dit *pierre néphrétique*, richement ouvragée de deux Anses ainsi qu'au pourtour; bien conservée, et por-/ un plateau d'agate.

81. = Tasse de jade blanc, venant du Japon; —— Une autre, même matière et moins grande.

82. = Petite Cuvette de forme octogone, en jaspe agatisé, sur Socle d'albâtre de Lagny.

83. = Jolie Coupe ovale en vert antique bonne qualité, sur piédouche en fonte dorée.

84. = Un Calice d'agate orientale transparente et de ton un peu vineux, avec Pied de même matière. Pièce d'un travail pur.

85. = Une Jatte de grand volume, belle matière de jaspe fleuri rougeâtre, tenant également à la qualité des agates herbières cristallisées. Cette Pièce est placée sur Socle carré en albâtre.

86. = Petite Tasse d'agate-onyx rubanée, placée sur un Autel antique, porcelaine de Sèvres.

87. = Grande Tasse forme carrée à huit pans, en grès cristallisé. Morceau curieux pour le Cabinet, placé sur Socle d'albâtre de Lagny.

88. = Une Tasse à deux Anses évidées dans la masse, ouvragée de Dessins de modèle demi-relief au pourtour. Matière très dure venant des Grandes Indes, et imitant le jade blanc; variété curieuse.

89. = Très-petit Vase d'agate sardoine, forme d'œuf, dans sa Jatte de même qualité, placée sur un Pied de bronze, avec Socle circulaire en serpentin.

90. = Deux petites Coupes ovales d'agate cornaline, ajustées dans des Corbeilles de filigrane en argent, pour servir de Salières.

91. = Deux petits Vases forme d'œufs, en cornaline blanche accidentée de rouge, parfaitement évidés, avec Couvercles de même qualité.

92. = Une Coupe ovale, forme de Lampe antique, — Un petit Pot à Anse, — Et une

CURIOSITÉS 19

partie de Cuiller; le tout en cornaline blanche.
Belle matière d'échantillon.

93. = Un Pied de Vase en agate, avec
son Balustre garni de deux Viroles en vermeil.

CRISTAUX DE ROCHE.

94. = Un Coffret couvert en maroquin
rouge et dentelle, fermant à clef, contenant
deux Flacons de la belle taille de Milan, avec
Bouchons et Collets en vermeil, et un beau
Gobelet garni d'Anses et Oreilles aussi en
vermeil. Bel Article dans ce genre de curiosité.

95. = Un grand Gobelet d'une belle eau,
taillé à douze côtes unies et régulières, n'ayant
que quelques neiges peu sensibles.

96. = Deux petits Gobelets de même taille
mais plus évasés, montés en or.

97. = Un Flacon aussi de cristal de roche
et de beau volume, sans garniture.

98. = Grande Jatte en bois de racine, avec son couvercle, dite *la tasse d'Erasme*. Morceau très-curieux, du plus ancien travail allemand, chargé d'Ecritures et de divers Ornemens à l'extérieur et au-dedans.

LAQUES PRÉCIEUX DU JAPON ET DE LA CHINE.

99. = Belle Cassette en laque du Japon, fond noir, à sujet de Magots en or de relief sur le dessus; elle est garnie de serrure, charnières et équerres en cuivre doré.

100. = Précieuse Boîte ovale à double corps, fond noir au pourtour, et Dessins de Fruits et Plantes en relief; l'un des Dessus en vernis noir, à sujet de Pintades et Plantes; l'autre, bronzé, à Dessins de Feuillages demi-relief en or. Cette pièce à charnières et bouton de fermeture en vermeil, est bien conservée.

101. = Moyenne Boîte, carré long, avec Magot de relief en or sur le Dessus, jouant avec un fil, et qui se détache sur un fond noir;

CURIOSITÉS.

e'le est montée de charnières et serrure sans clef.

102. = Une précieuse Boîte à quatre cases et recouvremens l'un sur l'autre, à Dessins de Châteaux tracés en or sur fond noir au pourtour; le Dessus représente une Mosquée, avec Plantes et Oiseaux. Cette Pièce, d'une belle conservation, est curieuse pour le Cabinet; l'intérieur est du plus beau vernis rouge.

103. = Deux charmantes Cassolettes en laque fond noir, à légers Dessins de Fleurs et Rosaces en or; elles sont garnies de bon goût, d'une Gorge à jour, avec Anses carrées, chûte de Glands, Pieds à quatre consoles, et Griffes de lion en fonte ciselée et dorée au mat.

104. = Un autre Morceau encore précieux, pouvant faire milieu des précédens; il est composé d'un Baril soutenu avec élégance par quatre Serpens enlacés marquant les anses, et qui se reposent sur un Plateau aussi de laque très-fin, et fond noir à Dessins tracés en or; tous les ornemens sont de belle dorure au mat.

105. = Très-petite Urne et son Couvercle

CURIOSITÉS.

fond noir, à Dessins de Plantes tracées en or, et Perles d'argent de relief, avec un Plateau dit *laque usé*. Joli échantillon.

106. = Boîte de forme octogone, à Dessins d'Arbrisseaux en or, et Fleurs de relief en burgau.

107. = Grande Boîte, carré long, à sujet de cinq Magots de relief, qui jouent avec des Chiens. Cette Pièce est garnie de charnières et serrure.

108. = Deux grands Plats à Dessins de Fleurs et Feuillages, dits *qualité de gros laque*.

109. = Deux Balons servant de Boîtes à thé, laque fond noir, et légers Dessins en or. Ordinaire.

110. = Un Couvercle de boîte, fond d'aventurine, à Dessins de Feuillages et Plantes tracés en or. Morceau dépareillé; pour échantillon.

111. = Deux petits Porte-Figures en laque, forme de miroir, à balustre, où sont placés deux Magots, ancien céladon de la Chine.

112. = Un Coffre carré, en laque de la

CURIOSITÉS. 23

Chine ordinaire, renfermé dans un Châssis dit de *bois de cèdre*.

113. = Deux Plateaux d'albâtre dite *pierre de lard*, à Dessins de Fleurs et Caractères chinois, entourés de Balustrade à jour en bois de fer.

114. = Sept Plateaux de différentes formes et genres.

PORCELAINE DU JAPON,
PREMIÈRE SORTE.

115. = Deux belles Jattes à huit pans, dites *aux Léopards*, à Dessins de Branchages et Fleurs coloriés au pourtour du dehors, sur fond blanc. Ces Pièces, pures de forme, sans défaut et très-estimées, sont montées sur des Pieds à quatre consoles en fonte dorée.

116. = Deux autres Jattes encore de rare qualité, même genre de Dessins coloriés, avec Pieds de fonte dorée, à quatre consoles.

117. = Deux Jattes, forme de Mortiers,

également de pareille qualité et même genre de monture.

118. = Deux Jattes, forme de Compotiers, même sorte que les Articles précédens, pouvant servir de Plateaux aux deux Pièces du N.º 115.

119. = Deux Jattes à huit pans. Seconde qualité dans cette sorte.

120. = Deux précieuses Bouteilles à quatre pans et longs Goulots, à Dessins de Plantes et légers Bouquets coloriés, avec petits Couvercles de même porcelaine, garnies de Collets et Pieds de fonte dorée, le tout sur Socle d'albâtre.

121. = Deux précieuses Tasses montées sur des Athéniennes, du meilleur goût et de belle dorure au mat. Collection *de Calonne*.

122. = Une Bouteille ronde, à long Goulot. Même sorte, pouvant faire milieu.

123. = Une autre, forme d'une Caraffe, avec Socle de fonte dorée, à Dessins de Poissons et Fleurs, ainsi que sa Jatte de forme à huit pans.

CURIOSITÉS.

124 = Un Flacon carré, à Dessins d'Oiseaux et Fleurs, avec Pied de fonte dorée.

125. = Une Bouteille, forme de Gourde et à côtes saillantes, dite *à Gaudrons*, et pareillement dans une Jatte.

126. = Deux moyens Mortiers placés dans des Jattes assorties, également précieux et ancien Japon.

127. = Deux autres, même qualité, ainsi que leurs Plateaux.

128. = Deux *idem*, aussi à Bords bruns, Oiseaux de paradis dans l'intérieur, avec leurs Plateaux contournés, forme de Coquilles.

129. = Deux Gobelets montés en Vases, avec Bords, Pieds et Anneaux de fonte dorée au mat.

130. = Un petit Mortier de même sorte. Morceau de milieu, monté sur Trépied de fonte dorée.

131. = Deux Tasses de qualité dite *porcelaine au Dragon*, avec leurs Soucoupes assorties.

CURIOSITÉS.

132. = Deux autres Tasses à Bords bruns, Dessins de Perdrix bleues et rouges, avec Soucoupes.

133. = Un autre belle Tasse d'échantillon, même genre, et bien conservée.

SUITE DES PORCELAINES COLORIÉES D'ANCIEN JAPON.

134. = Très-belle Jatte, dite *aux Poissons*, richement montée sur un Trépied de forme antique, et ajustée sur un Socle de porphire d'Egypte. Cette Pièce de milieu est distinguée dans son genre.

135. = Deux beaux et forts Vases du Japon, bleus et blancs, à cartouches d'Oiseaux de relief, façon de laque. Ces Urnes couvertes, et de belle qualité, proviennent, ainsi que plusieurs de ces Articles, de la riche *Collection de Boisset*.

136. = Deux belles Bouteilles à grosses Panses et longs Goulots, fond de cire d'Espagne, parsemé de Fleurons tracés en or.

CURIOSITÉS.

137. = Deux autres Bouteilles fond noir et même forme, à Dessins légérement tracés en or.

138. = Un grand Vase vert céladon clair, à Dessins de Branchages et Fleurs de relief tracés en blanc. Cette Pièce de milieu, dans la forme d'un Baril, est encore de la belle qualité.

139. = Deux Vases de belle forme et proportion, en porcelaine jaspée de riches couleurs chatoyantes. L'une de ces Pièces est légérement fracturée à l'un des Collets, ce qui peut être caché par une monture.

140. = Deux Jattes à dix pans, richement coloriées, à six cartouches blancs dans l'intérieur, et tracées de Caisses d'Arbrisseaux et Fleurs. Elles sont placées sur des Socles de marbre dit *Cervelat*.

141. = Deux autres belles Jattes fond rouge grenade, parsemé de mouches, à Rosaces bleues, blanches et or, avec Socles d'albâtre.

142. = Deux Jattes octogones, belle qualité, avec leurs Plateaux du même genre.

CURIOSITÉS.

143. = Deux Vases de ton bleuâtre, à Bouquets blancs demi-relief, garnis de fontes dorées, d'ancien modèle.

SUITE DES PORCELAINES ANCIENNES

De toute qualité et genre, pour Echantillons de Cabinets.

144. = Une Pagode d'ancien et beau blanc du Japon.

145. = Deux Lions Chimères, sur leurs Socles. Même qualité.

146. = Petit Pot à crême, à Fleurs gaufrées.

147. = Deux Tasses ovales. Même genre.

148. = Deux autres Tasses à doubles fonds, et Fleurons découpés à jour.

149. = Deux Vases en forme de Gourde et de ton brunâtre jaspé, avec Socles de fonte dorés.

150. = Deux autres Vases à grosse Panse et Mamelon, ancien céladon, à Dessins d'Oiseaux et Branchages tracés en vert.

CURIOSITÉS.

151. = Deux Vaches de terre de Persè, avec petits Magots adhérens. Morceau d'ancienne qualité, très-estimé ; *Cabinet d'Aumont.* Ils sont placés sur des Socles de marbre dit *Syracolin.* — 32. *Belang*

152. = Deux Chevaux de couleur jaunâtre, aussi très-ancienne qualité. *madame Belenge* 11-

153. = Deux Chimères bleues et brunâtres, dont une est fracturée. 12. *doyen*

154. = Deux petits Lions, céladon et violet. *avec le N° 158 — lefaivre* 10-1

155. = Deux petits Hermitages, encore très-ancien Japon. *Cabinet d'Aumont.* 16- *paillet*

156. = Un Vase à jour, destiné pour être doublé en bronze. Échantillon du plus ancien céladon. Même Cabinet. 18-

157. = Un Vase de forme singulière, à quatre Anses, dont une restaurée ; il est à double bec, et de couleur lapis foncé, pouvant servir de Théière. 12- *doy*

158. = Un Bonze, ancienne porcelaine du Japon. *avec le N° 154*

30 CURIOSITÉS.

159. = Deux Vases d'ancien bleu et blanc, de cette qualité dite *Collection de Meudon*.

160. = Deux autres Vases même qualité, pour servir de Théières, à Dessins de mosaïque à jour isolée des pièces; Socles de marbre noir.

161. = Un Morceau singulier, forme d'un œuf d'autruche, avec petit Goulot chiffonné; ancien truité fin, couleur café au lait, monté en pot pourri.

162. = Deux petites Caisses en terre rouge, ancien Boccaro, enrichies de fonte dorée, avec Socles de marbre.

163. = Un Vase forme de cornet, en porcelaine jaspée de riches couleurs, monté en fonte dorée pour servir de Flambeau.

164. = Un Morceau de la plus ancienne porcelaine, forme octogone, monté en fonte dorée.

165. = Théière très-curieuse à deux Mamelons, sans couverte, dite *la porcelaine au Scarabée*. Echantillon curieux.

CURIOSITÉS. 31

166. = Une autre Théïère même qualité, avec petit Plateau d'ancien laque.

167. = Un Sucrier même qualité, monté d'une Gorge à jour, et Socle de fonte dorée.

168. = Une Jatte et sa Soucoupe ancien truité fin, couleur café au lait.

169. = Quatre Tasses et leurs Soucoupes. Même qualité.

170. = Deux Vases en buire, de couleur bleu turquin.

171. = Une Jatte de milieu, à Gaudrons, avec un petit Pot et son Couvercle montés en argent.

PORCELAINE DE SAXE TRÈS-ANCIENNE.

172. = Un Pot à l'eau couvert, avec sa Cuvette, dit *à l'Ecureuil*.

173. = Une Jatte ovale, belle qualité, avec sa Soucoupe à Gaudrons.

174. = Un Bol ou Jatte circulaire à Des-

sins de Dentelle et Personnages chinois. Très-ancienne porcelaine de *Frankendal*.

175. = Un Vase à Fleurs, garni en bronze doré, avec Personnages, Bordure à dentelle, tracés en or.

176. = Un autre Vase même qualité, forme de Gourde et évasé du haut.

177. = Une Tasse à anse et sa Soucoupe à Gaudrons saillans.

PORCELAINE DE SÈVRES.

178. = Une belle Garniture composée de trois Vases fond jonquille, décorés de Peintures en miniature coloriées; le Morceau de milieu, dans une belle forme d'Urne et Collet en voussure, avec Anses en consoles, terminées par des Bustes de Chinois de ronde bosse prises dans la porcelaine; les deux autres, très-élégans, figurent des Cornets à panses d'œufs d'autruche, les Anses à tête de dragon, de relief. Cet Article est précieux dans son genre, et aussi pour la régularité et la pureté des formes.

CURIOSITÉS. 33

179. = Une charmante petite Cassolette
bleue céleste, richement montée, et de bon goût,
sur un Trépied de vermeil, à Têtes de Beliers
et autres Ornemens.

ARTICLES DE MARBRE, ET AUTRES OBJETS.

180. = Copie exacte et soignée de *l'Enfant*
dit *à la cage*, par *Pigal*. Marbre.

181. = Une autre Copie en marbre, de la
Prêtresse de Cumes.

182. = Deux Bustes de Faunes, homme et
femme, aussi en marbre statuaire, avec piédouches en marbre noir.

183. = Deux Bustes de femme en marbre,
avec piédouches. Même qualité.

184. = Tête d'après l'an... que, sans piédouche.

185. = Un Portrait de femme par *Boizot*.
Marbre sur piédouche.

186. = Figure d'Enfant, de forte propor-

34 CURIOSITÉS.

tion, soutenant un Groupe de Fleurs. Morceau en marbre, convenable pour décorer un Jardin. L'une des Mains est fracturée.

187. = Un autre Enfant debout, tenant des Raisins. Même proportion, en pierre de tonnerre.

188. = Deux Vases de belle proportion, forme de Médicis, en brocatelle d'Espagne.

189. = Un Fût de colonne en marbre noir antique, avec Socle de marbre blanc.

190. = Un Médailler plaqué en bois de rose, contenant environ 1,500 Empreintes en soufre, dont 1,100 prises sur les pierres originales, par le baron *de Stoche*, et classées par ordre de matière, avec le Catalogue.

191. = Un Médaillon en plâtre, moulé sur le Camée vulgairement dit *de la Sainte Chapelle*, représentant *le Triomphe d'Auguste*, qu'il est difficile de se procurer.

192. = Un petit Obélisque en marbre rouge antique, avec Bornes de même qualité, Socle de vert antique, et Chaînes en cuivre.

CURIOSITÉS. 35

193. = Une petite Colonne de marbre africain, avec Chapiteaux et Base en fonte, et Piédestal de jaune antique. Cette Pièce est surmontée d'un Vase d'agate proportionné, et Bornes de même matière.

194. = Deux Esquisses, différens Sujets, par Durameau.

195. = Un petit Cadre pour une précieuse Miniature. Chef-d'œuvre de Sculpture en bois.

196. = D'autres Articles, s'il y avait lieu, seront vendus et détaillés sous ce Numéro.

FIN.

De l'Imprimerie des Sciences et Arts, rue Ventadour, N.º 5.

www.ingramcontent.com/pod-product-compliance
Lightning Source LLC
Chambersburg PA
CBHW030100230526
45471CB00003B/1190